Grenzenlose Freundschaft

Grenzenlose Freundschaft

Heinrich Schöngeist

Druck und Verlag: epubli GmbH, Berlin

Impressum
Copyright: © 2013 Heinrich Schöngeist
Copyright Illustration: Heinrich und Hildegard Schöngeist
Druck und Verlag: epubli GmbH, Berlin, www.epubli.de
ISBN 978-3-8442-7455-4

So viele Geschichten gehen um die Welt
und werden hier und dort erzählt.
Sie bringen uns zum Staunen oder Lachen
oder wollen uns nachdenklich machen.
Diese jedenfalls ist es wert,
erzählt zu werden und gehört.

Irgendwo, in einem dünn besiedelten Gebiet,
wo kaum einer wohnt und nichts geschieht,
in einem dunklen und sumpfigen Wald,
lebt eine einsame Gestalt.
Niemand kennt ihren Namen und ihr Gesicht,
es gibt keinen Freund, der mit ihr spricht.
Sie lebt allein draußen in der Natur.
Die Menschen fürchten diese Kreatur.

Doch wen man auch fragt nach dem Phänomen,
keiner hat es so recht gesehen.
Vielleicht hält es sich versteckt,
damit es niemanden erschreckt.
Es verbirgt sich auch, weil es wohl weiß,
dass es überall nur „Sumpfmonster" heißt.

Fuchs und Hase sind ohne Sorgen,
wünschen ihm stets:
„Gute Nacht, Sumpfi, bis morgen!"
Doch für Sumpfi ist jetzt keine Schlafenszeit,
denn er fühlt sich wohler in der Dunkelheit.

So braucht er sich nicht zu verbergen,
kann sich frei bewegen, ohne entdeckt zu werden.
Bei Mondschein sieht man im schwachen Licht
zwei Augen leuchten, mehr aber nicht.

Nun betrachtet er das Himmelszelt
und bewundert die vielen Sterne dieser Welt.
Am schwarzen Himmel sind Millionen Lichter
und alle haben leuchtende Gesichter.

Es lässt sich denken, dass in einer solchen Nacht,
selbst ein Monster sich Gedanken macht.
„Ach, würde es doch in meinem Leben
einen Gefährten an meiner Seite geben!"

Da leuchtet es auf in einem schnellen Bogen,
eine Sternschnuppe kommt vorbeigeflogen.
Wie dieses Zeichen zu deuten ist,
das weiß nun jeder Optimist!
Und Sumpfi hofft, jetzt ganz im Stillen,
auch sein Wunsch möge sich erfüllen.

Ganz plötzlich kommt von irgendwo
ein Geräusch daher, einfach so.
Sumpfi lauscht und denkt: „Was ist denn das?"
Da landet etwas vor ihm im Gras...
Es ist kein Auto, was dort steht,
jedoch ein ganz merkwürdiges Fluggerät.
Aber für ein Flugzeug ist es viel zu klein.
Könnte es vielleicht ein UFO sein?

Sumpfi steht ganz unbeweglich,
was er da sieht, ist das denn möglich?!
Es leuchtet noch, dampft, rauscht, dann glimmt es.
„Träume ich etwa oder stimmt es?"

Zischend öffnet sich die Schleuse,
ein seltsames Männchen kommt aus dem Gehäuse.
Noch nie hat so etwas die Erde betreten:
Ein Geschöpf aus dem All, vom fernen Planeten.

Die Beine wird das Männchen wenig brauchen,
zum Gehen, Stehen oder Laufen.
In einem bequemen Stuhl sitzt es gern und viel,
ein Kugelrad macht es mobil.
Eine Nase sieht man bei ihm nicht,
dafür drei Münder im Gesicht.
So kann es vieles gleichzeitig machen:
Essen, Trinken, Sprechen oder Lachen.

Sumpfi ist ängstlich, ein bisschen verlegen,
doch das Männchen streckt ihm freundlich
die Hand entgegen.
Sumpfi hat sie zaghaft in seine genommen,
drückt sie ein wenig und sagt:
„Herzlich Willkommen!"
Wie sich zwei solche Wesen gegenüber stehen,
ist schwer zu beschreiben,
man müsste es sehen.

„Sumpfi" sagt Sumpfi
und zeigt mit dem Finger auf sich.
„Wie bitte?", fragt das Männchen,
„Ich bin schwerhörig."
„Sumpfi!" ruft er wieder und stellt sich vor.
„Ah, Sumpfi!" wiederholt das Männchen,
mit der Hand am Ohr.
„Gib' mir einen Namen! Wie du mich nennst, ist egal.
Wo ich herkomme,
ist mein Name eine siebenstellige Zahl."
„Hm – Sternschnuppe...", sagt Sumpfi,
nicht ganz laut genug.
„Herr Schnuppe?", spricht das Männchen,
„den finde ich gut!"

„Warum bist du mit unserer Sprache
und den Dingen vertraut?"
„Ganz einfach: Gut geschult und abgeschaut!"
Da zieht das Männchen etwas hervor,
es sieht aus wie ein Rechner mit Monitor.
Das ganze Wissen über Gott und die Welt,
hat man ins „Kosmo-Net" gestellt.
Der Weg hierher war ein langer Flug,
ich konnte vieles lernen, denn Zeit war genug."

„Jetzt erzähl' was von dir, du komischer Hecht:
Wo wohnst Du, was machst Du,
wie kommst Du zurecht?"
So etwas hat Sumpfi noch niemand gefragt.
Er denkt kurz nach, holt tief Luft und sagt:
„Ich lebe im Sumpf, mag es feucht und kühl.
Der Himmel ist mein Dach, ich brauche nicht viel.
Für mich ist es die größte Freud',
zu leben in aller Einfachheit.
Ich kenne genau meinen Lebensraum,
jedes Tier, jeden Strauch und jeden Baum.
Beeren esse ich, Wurzeln und Rinde,
Kräuter, Früchte und was ich sonst noch so finde.
Ich brauche weder Technik, noch Geld oder Ruhm,
Freiheit und das Leben sind mein Eigentum."

Herr Schnuppe lauscht diesen Schilderungen,
denn sein Hörgerät ist angesprungen.
Am meisten wundert es ihn dann,
dass man ohne Besitz so reich sein kann!
Doch bei allem Respekt: Tauschen würde er nie,
dafür liebt er zu sehr die Technologie.

Schließlich führt er ein modernes Leben,
ist von Armaturen mit Tasten und Knöpfen umgeben.
Auch von vielen nützlichen Sachen,
die das Leben bequem und komfortabel machen.
Das Spektrum reicht vom kosmischen Internet
über Weltraumtechnik bis hin zum Hörgerät.
Sein UFO-Mobil hat viele Funktionen:
Es ist zum Fahren, Fliegen oder Wohnen.
Doch wie das alles funktioniert?
Stell' es dir vor; es ist sehr kompliziert!
Verwunderlich, wie das alles geht,
es gibt so viel, was man nicht versteht.

Im Gras haben beide es sich bequem gemacht,
sie diskutieren und philosophieren die ganze Nacht.
Sumpfi meint: „Da gibt es noch was,
das ich fragen muss:
Du bist sehr bewandert, fliegst einen großen Radius.
Gibt es eigentlich für dich einen Sinn,
warum es *dich* gibt und warum *ich* bin?
Ist Religion für dich eher verstaubt
oder gibt es etwas, woran du glaubst?"

Herr Schnuppe denkt nach, wie soll er es sagen?
Gibt es eine Antwort auf all die Fragen?
„Ihr habt alte Schriften", sagt er,
„die sind sehr interessant.
Die sollte man lesen, aber mit Verstand.
Vor rund 2000 Jahren hat einer den Versuch gemacht,
eine Erklärung zu geben, doch man hat ihn umgebracht.
Danach gab es noch einige Erleuchtete mehr,
doch wurden sie nicht so populär.

Egal, ob Jude oder Moslem, ob Hindu oder Christ,
es gibt einen Ursprung:
Einen Schöpfer, der die Liebe ist.
Als Lösung wäre somit gegeben:
Ein gerechtes und mit Liebe erfülltes Leben.

Wir haben doch etwas gemeinsam, wir Zwei:
Sind allein unterwegs und einsam dabei.
Es gibt nun mal Dinge, die man nicht ändern kann,
dann nimmt man sie einfach dankend an.

Und was sonst noch im Leben so geschieht:
Denk' daran, du bist deines Glückes Schmied."

„Doch jetzt", sagt Herr Schnuppe,
„muss ich leider gehen.
Ich will deine Gastfreundschaft
nicht länger in Anspruch nehmen.
Im übrigen, was mir hier zu schaffen macht,
ist die komische Luft und eure Erdanziehungskraft."

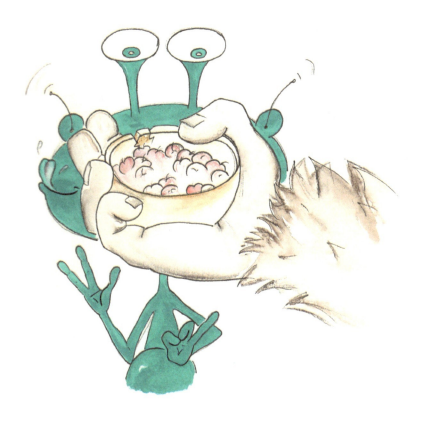

„Warte, ich gebe dir noch etwas Proviant",
sagt Sumpfi,
und drückt ihm etwas in die Hand.
Ein Schälchen mit Honig und reifen Beeren
– für ihn ist es das Köstlichste auf Erden.

Und weil Herr Schnuppe sich darüber freut,
ist sein Grinsen dreifach breit!

„Danke für den kulinarischen Genuss!
Ich gebe dir auch noch etwas, bevor ich fliegen muss."

Herr Schnuppe nimmt einen flachen Stein
und brennt ein Bild von den beiden ein.
Sumpfi staunt, nimmt es in die Hand.
Es ist gestochen scharf und brillant.
„Wie hast du das denn jetzt gemacht?"
„Nun ja", sagt Herr Schnuppe,
„mit einer technischen Errungenschaft."

„Wiedersehen!" sagt Sumpfi.
„Ich wünsche dir Glück.
Komm' dann und wann auf Besuch zurück!"
„Gern!", lacht Herr Schnuppe.
„Ich finde dich schon,
mein UFO hat schließlich Navigation.
Damit komme ich an jeden Ort.
Du siehst, es fehlt mir nichts an Bord."

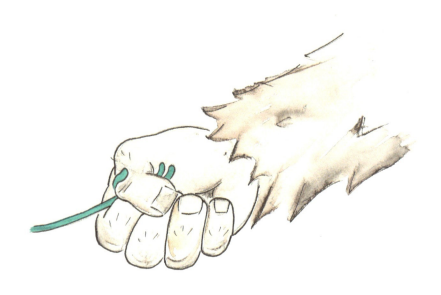

Beim Abschied verspürt Schnuppe jetzt irgendwie
ein deutliches Maß an Sympathie.
Auch Sumpfi merkt, er hat ihn gern,
das kleine Männchen vom anderen Stern.

Nach Handschlag ist Herr Schnuppe
wieder eingestiegen,
startet das UFO und zieht es hoch zum Fliegen.
Sumpfi schaut
und winkt noch lange mit der Hand...

… bis Herr Schnuppe am Himmel verschwand!

Sumpfis Leben war bislang recht hart,
doch nun hat er einen Freund der 3. Art!

Heinrich Schöngeist

Der Autor, Jahrgang 1970, ist von Beruf Modellbauer und lebt mit seiner Familie im Münsterland.

www.epubli.de